ÉTRENNES

AUX

AMIS DE LA VÉRITÉ.

ÉTRENNES

AUX

AMIS DE LA VÉRITE,

OUVRAGE

SUR LA POLITIQUE DU MOMENT.

PAR *** CONDAMNÉ A MORT

PAR SUITE DES ÉVÉNEMENS DU 13 VENDÉMIAIRE.

PARIS,

PONTHIEU, LIBRAIRE, AU PALAIS-ROYAL,

ET LES MARCHANDS DE NOUVEAUTÉS.

1825.

ÉTRENNES

AUX

AMIS DE LA VÉRITÉ.

ACCOUTUMÉ à combattre des écrivains ennemis du trône, ou au moins amis de la révolution, j'ai toujours pris la plume avec plaisir
toutes les fois que je n'ai eu que cette tâche à
remplir ; aujourd'hui elle va me devenir péni-
ble, puisqu'il faut que non-seulement je com-
batte ceux-ci, mais que je discute encore avec
ceux que j'avais pour auxiliaires, et qui paraissent
avoir formé une alliance extraordinaire pour
parvenir à forcer l'action du trône dans une de
ses prérogatives les plus spéciales, celle de choisir ses conseillers.

Ils prétendent avoir voulu éclairer le souverain ; moi je vais chercher à éclairer l'opinion
publique. Leurs chefs d'accusation ont porté sur
des faits en partie erronés ; je vais, par un narré
succinct, les rétablir dans leur exacte vérité : si
je m'écarte de ce but, ce ne sera point avec l'intention de ne pas la faire voir dans tout son jour ;
ce sera parce que ma mémoire ou mes documens

m'auront mal servi. J'ose presque assurer que
j'appuierai ma narration d'autorités que mes
parties adverses n'oseront pas démentir.

Les principaux chefs d'accusation portés contre
l'administration actuelle, paraissent rouler sur
quatre points principaux : 1° la guerre d'Espagne, les malversations et dilapidations auxquelles
elle a pu donner lieu ; 2° les élections de 1824,
les lois des rentes et de la septennalité ; 3° le pervertissement de l'opinion publique, et le rétablissement momentané de la censure ; 4° enfin,
l'emploi d'actes arbitraires tendant à asservir les
libertés publiques.

Ces faits sont graves, et je vais les discuter sé-
parément.

CHAPITRE PREMIER.

De la guerre d'Espagne, des malversations,
et des dilapidations auxquelles cette guerre
peut avoir donné lieu.

Avant d'arriver à la guerre d'Espagne, je dois
parler de la situation des choses au moment où
les ministres inculpés ont pris les rênes de l'administration.

Je ne parlerai point de l'évènement qui les y

a amenés; il est encore présent à la mémoire
de tout le monde. Ce que je peux affirmer, c'est
que ce ministère fut vu, à cette époque, avec joie
par l'opinion royaliste : il semblait être son ouvrage. Quelques feuilles qui l'incriminent aujour-
d'hui furent les premières à chanter victoire, et
à lui promettre leur appui. Il faut pourtant
avouer que quelques hommes montrèrent plus
que de l'étonnement de ne pas y voir deux ou
trois personnages qu'ils y appelaient de tous
leurs vœux. Ce sont ces mêmes personnages qui
forment aujourd'hui le centre de l'opposition
royaliste, et qui en paraissent les chefs. Ils dis-
simulèrent un moment; mais, peu après, on les
a vus éclater ouvertement, et se déclarer les ennemis irréconciliables des anciens chefs de la majorité de 1815, qui ont toujours été à la tête de
ce côté droit, lequel, quoique si faible en nombre, a combattu avec tant de courage les principes révolutionnaires.

Ce sont les mêmes chefs de ce côté droit qui
sont aujourd'hui à la tête de l'administration, et
c'est parmi l'ancienne opposition que sont pris
presque tous ses agens secondaires. Comment ces
hommes si royalistes il y a peu, ont-ils aujour-
d'hui pour ennemis ceux qui veulent se dire les
royalistes exclusifs? Qu'ont-ils fait pour s'attirer

tant de haine? Les torts sont-ils de leur côté?
C'est ce que je vais chercher à éclaircir; et tout
homme de bonne foi sera bientôt de mon avis,
s'il veut ne pas mettre l'intérêt particulier et la
passion en jeu. Quant aux organes de l'opinion
libérale, ils font leur métier; ils sapent les fon-
demens de la monarchie constitutionnelle en
combattant sans cesse les hommes investis de la
confiance du souverain. L'association monstrueuse que vous, écrivains royalistes, avez formée, serait indéfinissable, si l'on ne voyait pas
le sentiment qui vous fait agir. Je le démontre-
rai plus loin.

Le ministère actuel prit les rênes de l'administration peu après le moment où la révolution armée, chassée de l'Italie par l'intervention
de la Sainte-Alliance, et par la coopération directe de l'Autriche, s'était réfugiée en Espagne;
mais cette révolution n'était point encore, en
France, réduite aux abois, puisque l'on a vu, depuis cette époque, y éclater les conspirations
de *Saumur*, de *La Rochelle*, de *Colmar*, etc.

J'espère que l'on ne pourra mettre en doute
que c'est à l'administration actuelle que l'on
doit d'avoir anéanti ces foyers de révolte, et
d'avoir poussé la révolution dans son dernier re-
paire, la Péninsule. Organe de la vérité, j'ai cru

devoir rappeler ces faits, puisque l'on semble les avoir oubliés.

Le ministère fut composé d'abord de MM. de Villèle, de Corbière, de Montmorency (Matthieu), de Bellune, de Clermont-Tonnerre et de Peyronnet. Je ne parlerai point des titres qu'ils avaient à la confiance du monarque : qu'on lise les journaux royalistes de cette époque, et surtout les *Débats* et la *Quotidienne*, on les y trouvera dépeints avec plus de talent, je dirai même avec plus d'engouement que je ne pourrais le faire. Tout en leur rendant la justice qui leur est due, eux seuls semblaient, selon ces journaux, pouvoir, à cette époque, sauver la France. Ont-ils rempli leur attente? voilà ce que ces mêmes journaux nient aujourd'hui, et ce que l'on pourra juger d'après l'aperçu que je vais présenter des travaux de ce ministère, aperçu dans lequel je ne ferai même plus mention des conspirations qu'ils ont étouffées, service rendu au trône et à la patrie assez mémorable, assez important pour leur valoir les bénédictions de tout vrai Français; mais dont ne parlent plus certains journaux qui ne pensent aujourd'hui qu'à dénigrer ce qu'ils ont encensé un moment avec une adulation presque servile.

La guerre d'Espagne a été, et est encore un

objet d'inculpations bien graves, dirigées contre le ministère, et spécialement contre M. de
Villèle, ministre des finances et président du
conseil. Il paraît que les préliminaires de cette
guerre amenèrent quelques dissidences dans le
conseil du Roi; on assura, à cette époque,
qu'elle avait particulièrement existé entre M. de
Villèle et M. de Montmorency, qui venait de
représenter le Roi au congrès de Véronne: ce
dernier se retira, il fut fait duc; son portefeuille
confié d'abord, par *intérim* à M. de Villèle,
passa ensuite dans les mains de M. de Chateaubriand.

La retraite de M. de Montmorency amena une
espèce de schisme dans l'opinion royaliste: de
toutes parts on se récria contre M. de Villèle;
on prétendit qu'il ne voulait pas de la guerre. Il
est vrai de dire que la note adressée à notre am-
bassadeur à Madrid, signée par M. de Villèle,
ne parut pas, à cette époque, aussi décisive que
celles expédiées de Véronne par les ministres des
autres puissances de la Sainte-Alliance; celle
transmise par le cabinet des Tuileries dictait
des conditions qui laissaient entrevoir des espé-
rances de conserver la paix; mais ces conditions
étaient de telle nature qu'on pouvait les consi-
dérer comme une sorte de déclaration de guerre.

L'ouverture de la session de 1823 approchait, et le discours du trône ne laissa plus aucun doute sur les intentions du Roi et de son gouvernement. M. de Villèle a avoué à la France entière, du haut de la tribune de la Chambre des députés, qu'il avait fait tous ses efforts pour éviter la guerre; mais il dit en même temps que, s'il avait conseillé le maintien de l'état de paix, ce n'avait été qu'à des conditions satisfaisantes pour l'honneur du trône et de la France.

On doit se rappeler qu'au retour de Véronne, le duc de Wellington parut offrir d'une manière implicite la médiation de l'Angleterre, et qu'il envoya à ce sujet son premier aide-de-camp à Madrid. Était-il politique de refuser cette offre? n'aurait-ce pas été fournir à cette puissance un sujet de rompre cette neutralité que les plus grands partisans de la guerre ne peuvent pas avoir regardée comme chose indifférente au succès de l'entreprise?

J'avouerai franchement que moi aussi, ne jugeant que d'après ma conviction sur la nécessité de la guerre d'Espagne, j'ai accusé le ministère, et particulièrement M. de Villèle d'avoir mis des longueurs à sa déclaration; mais l'expérience m'a prouvé que mon accusation avait été portée bien légèrement, surtout lorsque je me suis convaincu qu'à l'époque des hostilités, on était à peine en mesure de les commencer (1).

J'ai fait connaître mon opinion; je vais maintenant faire entendre une voix que les royalistes ne récuseront certainement pas, celle de M. le duc de Fitzjames parlant à la Chambre des pairs le 15 mars 1823; il s'exprima ainsi :

« J'avoue qu'au moment où s'est élevée cette » grande question de la paix et de la guerre, qui » divise aujourd'hui tous les esprits, mes premiers » vœux ont été pour la paix. Ils étaient partagés » par le gouvernement, qui n'a désespéré de la » conserver que lorsqu'il y a été contraint par » l'honneur et la sureté de la France. Tout, en » effet, semblait rendre la paix désirable : elle était » nécessaire pour cicatriser les plaies de la France, » pour augmenter et affermir sa naissante pros- » périté; je me demandais encore pourquoi l'on » irait chercher à Madrid des révolutionnaires à » combattre, quand, au sein de la France, la ré- » volution sous les armes prouvait chaque jour » qu'elle regardait la couronne comme une proie » qui lui était échappée. Je me disais : la révolu-

(1) Ce fut cette position qui nécessita le marché avec le munitionnaire Ouvrard, dont je parlerai par la suite.

» tion d'Espagne doit le jour à la révolution de
» France; attaquons le mal dans sa source, et
» tarissons, en étouffant le volcan, les feux qu'il
» a lancés sur la Péninsule. Quand je tenais ce
» langage, j'ignorais que le gouvernement espa-
» gnol eût repoussé, dans son aveuglement, les
» conseils de la sagesse royale; la malheureuse
» Espagne n'avait pas encore franchi les limites
» qui séparent l'ordre du désordre, la justice de
» la violation des lois, l'état civilisé de l'état
» d'anarchie; la France n'avait pas repris au con-
» grès de Véronne son indépendance et sa dignité;
» le discours du trône n'existait pas, et surtout
» on n'y avait pas répondu. Je n'ai eu les yeux des-
» sillés que par la discussion de l'adresse dans
» les Chambres. »

Je ne suivrai point ce héros de la fidélité dans
la suite du discours si remarquable qu'il prononça;
je n'ai cité ce passage que pour prouver que lui
aussi avait cru la paix possible, et pour faire connaître l'époque à laquelle ses yeux avaient été
dessillés; mais j'espère que ceux auxquels je parle
ne récuseront pas un si franc et si loyal témoi-
gnage.

J'ai dit plus haut qu'à peine, au moment des
hostilités, on était en mesure de les commencer;
cette imprévoyance a amené le marché Ouvrard

que l'on dit avoir été ruineux pour la France. Ce marché a été le sujet d'accusations bien graves pour le gouvernement, et particulièrement pour M. de Villèle; le voile qui le couvre encore m'empêcherait d'en parler, sans les accusations que je vais réfuter.

La première de ces accusations, portée contre M. de Villèle, est d'avoir entravé la marche de l'administration de la guerre par son opposition à la rupture de la paix. M. de Bellune et l'administration des vivres ont répondu à cette accusation en essayant de prouver qu'il n'y avait point de nécessité pour conclure ce marché, et en avançant qu'ils avaient tout prévu, et qu'on était en mesure de marcher en avant sans l'aide du munitionnaire Ouvrard. D'après ces assertions le ministre des finances n'a donc point mis d'entraves aux moyens d'approvisionner l'armée. Mais il a défendu à la tribune ce marché, il en a soutenu non-seulement la validité, mais encore les clauses. C'est ici que l'accusation est devenue grave; il a défendu ce marché, il avait donc un intérêt particulier à le soutenir. Cet intérêt était, selon les uns, de discréditer l'administration du ministre de la guerre; selon les autres, il n'a été le défenseur du marché conclu avec M. Ouvrard, que par des motifs indignes des hautes fonctions

de son ministère. Je dirai que cette dernière accusation n'a point été portée par des voix royalistes; elles n'ont point poussé l'esprit de déni-
grement à ce point de perversité; mais elles n'ont
point été étrangères au premier chef d'accusation,
celui d'avoir voulu jeter de la défaveur sur l'administration de M. de Bellune; c'est sur celui là
que je présenterai d'abord des réflexions.

Il ne faut qu'avoir entendu les discours de
M. de Villèle pour être convaincu que M. de
Bellune n'a point eu un défenseur plus zélé des
actes de son administration, que M. le président
du conseil des ministres; il a toujours dit que
les ordres les plus précis avaient été donnés par
M. de Bellune pour que les approvisionnemens
ne manquassent pas. Il a fait peser toute l'accusation sur les agens secondaires de l'administration de la guerre. On doit se rappeler que Son
Excellence parut implicitement inculper le corps
des intendans militaires, ce qui fit monter à la
tribune M. de Clarac, l'un d'eux, pour venger ce
corps dont il faisait partie. Ainsi tombe toute
idée, de la part de M. de Villèle, d'avoir voulu
inculper le brave maréchal auquel la France
doit la régénération de l'armée.

Les ennemis de M. de Villèle ont, dès le com-
mencement de son entrée au conseil, avancé que

ce ministre voyait de mauvais œil M. de Bellune
au nombre de ses collègues. Ils ont depuis
ajouté, avec la même bienveillance pour M. de
Villèle, qu'il avait fait tous ses efforts pour faire
éprouver au maréchal des dégoûts qui le for-
çassent à abandonner le timon des affaires. Sa
retraite a été pour eux l'occasion de récrimina-
tions encore plus fortes contre M. le président
du conseil. Je vais examiner si cette accusation
est mieux fondée que les précédentes.

A l'époque du renouvellement du ministère,
il fut notoire que Sa Majesté avait envoyé chercher M. de Villèle et un autre de ses collègues
qui n'a pas été moins en butte que lui à la calomnie, et qu'elle chargea ces deux chefs de l'ancien côté droit de lui présenter une liste pour
former un nouveau ministère. Ce fait a été at-
testé par tout le monde, et n'a jamais été con-
tredit; il est donc certain que, si M. de Villèle
avait vu de mauvais œil l'entrée de M. de Bellune
au conseil, celui-ci n'aurait jamais fait partie du
ministère actuel; ainsi tombe d'elle-même l'accusation d'avoir vu avec peine ce brave maréchal
au nombre de ses collègues.

Je crois que l'accusation d'avoir cherché à
faire éprouver à M. de Bellune des dégoûts, n'est
pas mieux fondée. Je déclare ici n'avoir jamais

en aucune relation, ni directe, ni indirecte avec
M. de Villéle, ni avec M. de Bellune. Je les estime
tous deux comme hommes d'état. Je crois que la
retraite de ce dernier a été volontaire : je dirai
qu'en mon particulier je l'ai vue avec peine, parce
que je reconnais que ce maréchal a rendu de
grands services à la cause du trône, Sa conduite
depuis sa retraite l'aurait, selon moi, encore
rendu plus estimable aux yeux de la France, si cela
avait été possible. Je crois ce brave maréchal
étranger à toutes ces basses intrigues qui sont si
préjudiciables à l'intérêt réel du trône. Après
cette profession de foi, je vais m'expliquer, et
j'espère que je serai entendu.

La formation du ministère dont M. de Villéle est président, fit en général applaudir l'opinion royaliste au choix du monarque; mais les
ambitions particulières ne furent pas satisfaites.
Deux ministères étaient spécialement enviés, celui des finances et celui de l'intérieur. Des brouil-
lons politiques, comme malheureusement on en
rencontre tant dans le monde, clabaudèrent sur
le choix que le monarque avait fait de MM. de
Villéle et de Corbière pour remplir ces deux
ministères. Ils dirent hautement que tels et tels
y auraient été mieux placés; ils parlèrent même
de droits acquis, et ces mêmes hommes imagi-

nèrent de répandre les bruits d'une dissidence
d'opinions parmi les ministres. Ils ont cherché,
depuis cette époque, à perpétuer dans le public
cette idée. Voilà comme s'est entretenue l'espèce
de schisme qui existe parmi les royalistes,
schisme qui serait dangereux pour la cause du
trône, s'il reposait sur des bases moins solides.
Depuis cette époque, un système de calomnie
s'est établi contre quelques ministres, et surtout
contre M. de Villèle et contre son ami. Il est
présumable que les mêmes hommes dont je viens
de parler se sont placés entre MM. de Villèle et
de Bellune, et sont parvenus à donner du dé-
goût au brave maréchal, ce qui a occasioné sa
retraite.

Parmi les bruits qui se sont accrédités, on a dit
que M. de Bellune avait été contrarié dans les
choix, lorsqu'il s'était agi de former les corps de
l'armée d'Espagne et d'en nommer les chefs. Je
ne sais quel autre que lui peut avoir présidé aux
choix qui ont été faits; mais ce que je peux dire,
c'est que l'issue de cette guerre a prouvé l'excel-
lent esprit qui avait dirigé ces nominations, car
tous les corps et leurs chefs ont répondu à l'appel
du trône.

La discussion qui eut lieu dans les Chambres a
paru prouver qu'il y avait eu malversation et di-

lapidation dans la guerre d'Espagne, chose presque
inévitable dans semblable occurrence. Le ministère s'est empressé de satisfaire à l'attente de
l'opinion publique, en proposant au Roi de nommer une commission extraordinaire pour en
connaître. Le choix des hommes appelés à la
composer a reçu l'approbation générale, et il
faut espérer que le rapport que cette commission
doit faire incessamment au Roi, déchirera le voile
qui couvre encore cette ténébreuse affaire, dans
laquelle des hommes qui semblent au-dessus du
soupçon, sont inculpés.

Les ministres ont satisfait, comme je viens de le
dire, à l'attente de l'opinion publique en proposant
au monarque de former cette commission ; mais
M. le président du conseil, qui certainement n'a
point été étranger à la décision de Sa Majesté, a
été bien inconsidéré en conseillant cette mesure,
puisqu'on a bien voulu avancer qu'il avait eu une
part dans les bénéfices du traité passé avec
M. Ouvrard. Ses ennemis ont poussé le délire de la
calomnie jusqu'à cette assertion ; ils n'ont pas osé
l'imprimer, mais ils ont cherché à la faire circuler,
des salons, dans l'opinion publique. Aujour-
d'hui que tout est près de se découvrir, ils ont
changé de langage, et n'osent plus soutenir cette
absurdité ; mais ils disent à qui veut l'entendre

que M. de Villèle, qui est entré au ministère, il y a trois ans, avec une fortune bornée, est aujourd'hui possesseur d'une fortune immense, qu'ils font élever à la somme énorme de quelques dixaines de millions. Demandez à ceux qui poussent la fureur de dénigrer jusqu'à cet excès d'impudence, où il a pris cette fortune, et où elle est : sur la première question, les plus modérés d'entre eux vous répondent que, maître du secret de l'état, il a puisé cette fortune, non dans le trésor, mais dans les opérations de la bourse. Si vous leur dites: ressouvenez-vous que ce ministre avant d'entrer au conseil, et depuis son entrée, a repoussé avec indignation l'idée de toute espèce de participation, soit directe, soit indirecte, prise à la hausse ou à la baisse, par un ministre des finances; le croyez-vous assez sot pour donner à ses ennemis une semblable prise contre lui ? ils répondent qu'il a agi par des tiers. Enfin, lorsque vous les poussez à bout, et que vous demandez où est cette fortune, la réponse leur est facile : dans son portefeuille, ou elle est placée selon eux dans les banques étrangères. Je dirai avec vérité que jamais l'art de dénigrer et de calomnier n'a été poussé aussi loin qu'il l'est à l'égard de ce ministre.

Sous l'usurpateur, des ministres ont fait des

fortunes colossales ; ils n'ont point cherché à les dissimuler, ils ont acheté les plus belles terres de France. Depuis la restauration on n'a point vu de ministres augmenter leur fortune de manière à ce que l'on puisse crier au scandale ; presque tous ont été heureux de trouver dans la munificence royale des moyens de ne pas végéter, et plusieurs d'entre eux ont été en butte aux mêmes accusations que M. de Villèle. La suite des temps en a fait justice, mais non durant leur ministère, tant qu'ils ont gardé le portefeuille, la calomnie les a poursuivis avec un acharnement presqu'aussi violent que celui qui s'attache aujourd'hui à M. le ministre des finances (1). Espérons que l'absurdité de toutes ces inculpations se connaîtra bientôt. En attendant on n'a point oublié la fameuse maxime de Beaumarchais, la *calomnie*, la *calomnie*, docteur !

Je vais passer au second chef d'accusation porté contre le ministère actuel.

---

(1) On doit se rappeler qu'à l'époque des premiers emprunts, plusieurs ministres furent accusés d'y avoir eu un intérêt. L'intègre M. de Corvetto ne fut pas même ménagé. On puisait alors dans les coffres-forts des maisons Hopp, Baring et compagnie, comme l'on prétend que l'on puise maintenant dans ceux de MM. Rotschild.

2

CHAPITRE II.

Des élections et de la session de 1824; de quelques lois discutées pendant cette session.

La dissolution de la Chambre de 1823, les élections qui en ont été la suite, et enfin la loi de la septennalité, ont été des sujets d'accusations bien sérieuses contre le ministère. Dans les premiers momens, les seuls journaux libéraux ont pris part à ces accusations; mais nouvellement, des voix soi-disant royalistes se sont élevées particulièrement contre les élections de cette époque, et contre l'influence que le gouvernement y a exercée.

Personne n'a été surpris de voir l'opinion libérale se prononcer ouvertement contre les prétendues manœuvres exercées par le gouvernement dans les élections de 1824. De tout temps il a été permis à un plaideur qui perd son procès, de se plaindre, et même de maudire ses juges; mais j'avouerai que je ne me serais jamais douté que l'opinion royaliste, quelque mécontente qu'elle soit du ministère sous d'autres rapports, eût montré son animadversion au point de chercher à répandre l'alarme en France au sujet de l'influence du gouvernement sur le choix des membres de la Chambre élective.

L'influence la plus directe que le ministère a
sur les élections, est la nomination des présidens
des colléges électoraux; il est juste de reconnaître que parmi ceux qui ont présidé les colléges
de 1824, je n'ai vu le nom d'aucun de ces hommes
qui ont prêché et soutenu la révolte; je n'y ai
trouvé que ceux d'hommes reconnus pour avoir
des principes entièrement opposés. Cela a pu
être un crime aux yeux de l'opinion libérale;
mais je ne croyais pas que l'opinion royaliste dût
s'en plaindre; elle a été blessée de ne pas y voir
les noms de trois ou quatre personnages certainement bien recommandables à beaucoup de titres, et surtout par leur dévouement à la cause
du trône. Ces personnages s'étaient déclarés à la
session précédente, en opposition ouverte avec
le ministère ; aussi celui-ci crut-il devoir prendre
les présidens des colléges parmi ses amis, au lieu
de les choisir parmi ses ennemis.

Qui, à sa place, n'en aurait pas fait autant ? On
a voulu insinuer que les agens du gouvernement
avaient cherché à faire exclure ceux dont je viens
de parler. Il est probable que les préfets et les
sous-préfets, qui sont les agens directs du gouvernement, auront cherché à faire nommer les
présidens des colléges, qui sont presque toujours
les candidats avoués du trône. Je crois que c'est

à cette influence qu'ont été dues les nominations de MM. Sanlot et Bertin de Vaux. Il est présumable que l'*Aristarque* et le journal *des Débats* n'ont pas, eu à s'en plaindre ; ils se sont pourtant élevés avec force contre l'influence ministérielle dans les élections, ce qui prouve que tout est inconséquence de la part de certains hommes.

On a beaucoup parlé de circulaires ministérielles qui dictaient le vote aux employés du gouvernement ; on a même dit qu'elles menaçaient de destitution ceux qui ne voteraient pas pour des candidats royalistes. Je répondrai que je ne crois pas que ce soit à des amis du trône à se plaindre de semblables circulaires. Quoi ! on refuserait à un ministre, défenseur de la légitimité, le droit de destituer celui qui voterait pour un ennemi reconnu de cette légitimité sainte, qui est la base du bonheur présent et à venir de notre belle France ! de semblables prétentions ne peuvent naître que dans l'imagination des amis de l'homme *aux répugnances*.

J'étais un jour dans une réunion où se trouvait le préfet qui a eu le bonheur de ne point voir réélire dans son département M. Manuel ; on discutait avec chaleur sur les élections de 1824 ; il dit : «Je ne sais quelles difficultés » mes collègues ont eues à vaincre pour faire de

» bonnes élections; quant à moi, je n'en ai eu
» aucune; c'est la force de l'opinion qui les a
» faites dans le département de la Vendée; pres-
» que tous ceux qui dans les élections précé-
» dentes avaient voté dans le sens libéral, sont
» venus me trouver pour me déclarer qu'ils avaient
» été dans l'erreur sur les hommes dont ils
» avaient fait choix jusqu'alors, et me demander
» pour qui je voulais qu'ils votassent; je leur ai
» répondu que je n'avais autre chose à leur de-
» mander que de porter leurs votes sur les amis
» reconnus des Bourbons. »

Il assura qu'en parlant ainsi il n'avait fait
que remplir les intentions du gouvernement, qui
ne lui avait demandé que de faire en sorte d'avoir
pour députés des royalistes. Il ajouta que les
élections dernières de son département avaient
été un jour de réconciliation générale, et que
presque tous les électeurs n'y avaient eu qu'une
même opinion.

Ce dire, qui était prononcé avec l'accent de la
vérité, prouve de quelle nature ont été les in-
fluences ministérielles.

On a beaucoup parlé de manœuvres peu dé-
licates mises en usage dans quelques localités
par les préfets pour amener le résultat qui a eu
lieu. Lorsqu'il a fallu en venir aux preuves, on a

reconnu fausse une partie des faits avancés. Il peut y avoir eu quelques erreurs commises dans les listes électorales; celles qui ont été prouvées étaient en si petit nombre, qu'elles n'ont eu aucune influence sur le résultat général des élections. On le doit, comme le disait le préfet que je viens de citer, à la force réelle de l'opinion, qui a senti que pour le bonheur de la France, elle ne devait pas envoyer à la Chambre élective des hommes amis de la révolution, et surtout partisans éhontés de l'usurpateur.

Le ministère actuel a eu un grand tort aux yeux de ces derniers, celui d'être parvenu à anéantir l'esprit révolutionnaire, ou au moins de l'avoir réduit dans une telle situation, qu'il est forcé de chercher des auxiliaires parmi les royalistes, ou parmi ceux qui, tout en affichant ouvertement des principes favorables à la cause du trône, ne l'ont fait que pour forcer un jour son action dans sa prérogative la plus grande, la nomination aux emplois. Ce que nous voyons se passer aujourd'hui le prouve. La postérité qui jugera ceux-ci ne leur pardonnera jamais l'alliance monstrueuse qu'ils ont formée, alliance qui existait à l'époque des élections dernières.

On a assuré que c'est cette alliance qui, dans un département, a été cause que vous n'avez pas

eu pour député un candidat pour lequel vous avez
une grande prédilection. Serait-il vrai que, dans
un arrondissement de ce département, vous ayez
favorisé l'élection d'un député, auxiliaire avoué
du parti libéral, et que vous ayez, par ce moyen,
fait repousser le candidat royaliste qui présidait
ce collège? Serait-il vrai qu'au collège de département les électeurs royalistes indignés de la manœuvre que vous aviez employée dans le collège
d'arrondissement, se soient réunis contre votre
candidat, qui avait été nommé aux élections
précédentes par le collège de département, et
aient nommé le candidat du trône, que vous
et vos amis aviez fait éliminer dans son arrondissement? Si ces faits sont vrais, comme je ne le
mets pas en doute, vous avez eu bien mauvaise
grâce d'accuser les ministres d'avoir empêché l'é-
lection d'un homme si recommandable, sous tant
de rapports, que l'ancien collaborateur du *Journal des Débats*, mais qui, aux yeux des vrais
royalistes, avait un tort réel, celui de s'être déclaré l'ennemi d'un ministère avoué par eux. La
vraie opposition royaliste donne des conseils aux
ministres pris dans son opinion et nommés par le
monarque, et ne cherche pas à les rendre odieux
à la nation.

Deux lois ont particulièrement occupé l'opi-

nion publique dans la session de 1824, celle
sur le remboursement des rentes et celle de la
septennalité. La première, adoptée à une immense majorité par la Chambre élective, fut re-
jetée par celle des pairs. Le principe du remboursement fut avoué presque par tout le monde,
mais on ne fut pas d'accord sur le mode. Ce projet de loi semblait être dans l'intérêt général de
la France; mais il attaquait beaucoup d'intérêts
particuliers. Il paraît que ces intérêts ont pré-
valu à la Chambre des pairs sur l'intérêt général.
Je ne chercherai point à prouver ici laquelle des
deux Chambres s'est trompée dans sa décision;
mais je parlerai du parti que l'on a cherché à tirer du rejet de la loi par la Chambre des pairs
contre le ministère, et en particulier contre ceux
des ministres qui avaient soutenu le projet de loi.

Après avoir cherché à rendre odieux dans l'opinion publique, le ministre qui avait conçu le
projet de loi, et ceux de ses collègues qui l'a-
vaient soutenu, on leur insinua, avec une appa-
rente bonté, qu'ils n'avaient d'autre parti à prendre que celui de se retirer devant l'opinion de la
majorité de la Chambre des pairs, et devant l'o-
pinion publique qui les repoussait. Dans le moment où cette manœuvre s'ourdissait contre les
ministres que je viens de désigner, on insinua

dans le public qu'un de leurs collègues, M. de Chateaubriand, avait combattu dans le conseil des ministres ce projet de loi, et qu'il lui était entièrement opposé. Je ne sais si ces insinuations bénévoles en faveur de M. de Chateaubriand étaient avouées par lui, mais il ne prit point la parole à la Chambre des pairs; et s'il est vrai qu'il eût combattu ce projet de loi dans le conseil des ministres, qui en avait instruit les amis officieux qui le divulgaient?

Ces circonstances étaient de nature à amener du refroidissement entre M. le président du conseil et M. de Châteaubriand. Une autre circonstance parut amener une rupture ouverte entre eux deux. Dans le même moment où l'on discutait à la Chambre des pairs la loi sur les rentes, on discutait à celle des députés la loi de la septennalité. Elle avait passé à la Chambre des pairs sans que M. de Chateaubriand eût pris la parole pour la soutenir. Une minorité assez remarquable s'était présentée à la Chambre élective pour combattre ce projet de loi. Dans cette minorité, se trouvaient des hommes que l'on savait liés avec M. le ministre des affaires étrangères, qui ne rejetaient pas entièrement la loi proposée, mais qui en adoptant le principe du renouvellement intégral, voulaient l'amender, en réduisant la

durée du temps à cinq ans, au lieu de sept.
Cet amendement non adopté par le ministère,
était pour lui en quelque sorte le rejet de la loi,
et il ne pouvait le consentir sans une espèce de
contradiction avec lui-même, puisqu'il avait soutenu à la Chambre des pairs le principe du renouvellement septennal. Les mêmes amis officieux de
M. de Chateaubriand disaient encore à qui voulait l'entendre, que ce ministre partageait cette
opinion; même ils assuraient que Son Excellence
la laisserait entrevoir à la Chambre élective, où
elle paraissait prendre des notes, ce qui faisait voir
qu'elle voulait y parler. Effectivement, M. de Chateaubriand parut demander la parole à la séance
du samedi 5 juin. M. le ministre de l'intérieur,
chargé spécialement de soutenir le projet de loi,
la réclama, et son collègue fut obligé de la lui
céder.

Un semblable état de choses ne pouvait continuer à exister, car quoique cette scène presque ·
muette se fût passée entre les deux ministres,
sur leur banc, elle fut remarquée de toutes les
personnes qui assistaient à la séance, et les journaux en firent l'observation le lendemain. Tout le
monde s'attendait à un changement quelconque
parmi les ministres, lorsque l'on apprit que Sa
Majesté avait fait redemander à M. de Chateau-

briand son portefeuille, et qu'elle l'avait confié
à M. de Villèle, président du conseil, qui, par
l'ordonnance rendue par le Roi, était chargé de la
faire exécuter. Il paraît que ce ministre fut un
peu laconique dans la lettre par laquelle il fit
connaître à M. de Chateaubriand la volonté
du Roi. Il faut avouer qu'elle était concise.
Ce qui s'est passé depuis a un peu justifié le
manque d'urbanité tant reproché à M. de Villèle;
car, depuis cette époque, M. de Chateaubriand
s'est déclaré le chef d'une opposition que l'on
peut à juste titre qualifier de peu civile; ainsi à
cet égard, ces deux hommes d'état n'ont plus
rien à se reprocher ; mais je demanderai si cette
conduite de l'ex-ministre n'a pas fait entrevoir
que pendant son ministère, il était le chef invi-
sible de cette même opposition royaliste qui,
depuis le jour où il a cessé de faire partie du ministère, s'est montrée si virulente contre M. de
Villèle, et contre d'autres de ses collègues.

MM. de Montmorency et de Bellune avaient
aussi quitté le ministère; mais leur conduite avait
été bien différente de celle qu'a tenue M. de Chateaubriand; elle a fait honneur à ces ministres,
et les vrais amis de la gloire de cet écrivain
célèbre n'ont pu voir *sans peine* qu'il ait servi
d'égide à l'association monstrueuse qui s'est for-

mée entre le *Journal des Débats*, la *Quotidienne* et les journaux qui ont toujours émis
des principes si opposés à ceux que ces deux
feuilles avait propagés jusqu'à cette époque. Je
reviendrai sur ce sujet dans le chapitre suivant.

A la séance du lundi 7 juin, les ministres reti-
rèrent, par ordre du Roi, deux projets de loi que
les commissions ne voulaient pas adopter sans
y faire des amendemens que le ministère ne
pouvait consentir sans s'exposer à voir rejeter
ces projets de loi par la Chambre des pairs, où
une de ces lois avait déjà été adoptée après le
rejet de l'amendement que la commission de la
Chambre des députés voulait faire revivre.

Les ennemis du ministère, et surtout ceux du
président du conseil, espéraient que le renvoi de
M. de Chateaubriand pourrait désunir la majorité
de la Chambre des députés, et que les rangs de
l'opposition allaient s'augmenter des nombreux
amis que l'on prétendait que l'ex-ministre
avait dans la Chambre élective. Cette phalange
qui devait, selon eux, renforcer le parti de M. de
La Bourdonnaye, s'est réduite à trois ou quatre membres qui paraissaient flottans entre lui
et M. de Villèle; de ce nombre a été M. Bertin de Vaux, conseiller d'état attaché à la section
des finances, et propriétaire en majeure partie

du *Journal des Débats* qui, de journal du trésor, est devenu incontinent journal virulent de
l'opposition. Par reconnaissance, M. de Chateaubriand a prêté sa mâle éloquence à cette feuille,
et en est devenu le plus puissant soutien.

Un membre distingué de la majorité, M. de
Bouville, tout en ne changeant pas ouvertement
de position, montra ses regrets de ne plus voir
sur les bancs des ministres, l'orateur éloquent
qui avait montré un si grand talent dans la session précédente. Voilà tout l'effet que parut pro-
duire sur la Chambre élective cet évènement, qui
devait renverser M. de Villèle, et deux ou trois
de ses collègues. L'adoption de la loi de la septennalité eut lieu sans qu'on s'aperçût que la minorité eût augmenté : il y avait trois cent-soi-
xante-dix-neuf membres présens; il se trouva
dans l'urne deux cent-quatre-vingt-douze boules
blanches et quatre-vingt-sept noires.

L'adoption de cette loi par la chambre élective a été l'occasion de virulentes déclamations
contre le ministère, et même contre cette chambre. Les uns, disait-on, n'ont voulu que se perpétuer au pouvoir en proposant cette loi; les autres,
en l'adoptant, rester pendant sept années à la
source des faveurs et des grâces.

C'est ainsi qu'une mesure dans l'intérêt de la

monarchie , dictée par les principes de la plus
haute sagesse, a été travestie par la calomnie en
une affaire d'intérêt particulier : mais cette loi
avait aussi été consentie par la Chambre hérédi-
taire; celle-ci n'avait aucun des intérêts que
l'on supposait, bien gratuitement , à la majorité
de la Chambre élective; elle avait même un intérêt contraire, puisqu'elle voyait s'élever à côté
d'elle une Chambre presque rivale, par cette fi-
xité de sept ans. Mais moi, qui crois encore que
la nation française n'a point dégénéré de son an-
tique loyauté, je le dis avec l'accent de la plus
pure vérité : je suis persuadé que les ministres en
proposant cette loi n'ont pas pensé à leur intérêt
particulier, et que le ministère et les majorités des
deux Chambres n'ont vu, dans cette mesure, que
la prospérité à venir de la monarchie constitutionnelle.

Dans le discours que le monarque avait prononcé à l'ouverture de la session de 1824, Sa Majesté avait annoncé l'intention de *fermer les dernières plaies de la révolution.* Tout le monde
avait reconnu dans ces paroles, l'indemnité à
accorder aux émigrés. Cette mesure paraissait
liée à l'adoption de la loi sur le remboursement
des rentes; le Roi l'avait laissé entrevoir. On sait
le sort qu'a eu cette loi, et on devait se douter

que les ministres seraient forcés d'ajourner à la session de 1825, la présentation du projet de loi sur l'indemnité. Personne ne doutait qu'à cette session, les paroles de la couronne n'eussent leur accomplissement.

Quelle fut la surprise du public, lorsque l'on apprit que M. de La Bourdonnaye avait déposé sur le bureau une proposition d'adresse au Roi tendante à supplier Sa Majesté de vouloir bien ordonner à ses ministres de présenter, session tenante, un projet de loi relatif à l'accomplissement de la promesse royale. Cette jonglerie politique, toute ridicule qu'elle était, avait un double but, celui de mettre les ministres dans l'embarras, et celui de pouvoir faire dire un jour, par M. de Chateaubriand, que le chef de l'opposition royaliste dans la Chambre populaire avait enlevé *aux ministres l'initiative de la proposition la plus honorable.* Pardonnez, M. le vicomte, si je vous contredis, mais j'affirme que M. de La Bourdonnaye n'a point l'honneur de cette initiative; elle appartient uniquement au cœur paternel de ce roi que nous pleurons, vous et moi, avec la France entière. Vous êtes trop ami de vos princes pour vouloir enlever à l'un d'eux l'héritage le plus précieux qu'il ait laissé a son auguste successeur, et les ministres, organes

de sa volonté, auront, en dépit de la proposition
de M. de La Bourdonnaye, l'honneur de la présentation d'un projet de loi qui a commencé,
commé vous le dites bien, à M. le maréchal duc
de Tarente, mais qui n'aura pas fini au chef de
l'opposition de la Chambre populaire.

M. de La Bourdonnaye, tout en faisant sa proposition dans la Chambre élective, savait bien
que les ministres s'occupaient de ce projet de
loi. Ils l'avaient déjà fait connaître dans les discours qu'ils avaient prononcés en soutenant la
loi sur le remboursement de la rente; ils avaient
dit que quoique cette loi parût liée, sous le rapport financier, avec celle de l'indemnité, elle en
était véritablement distincte et séparée, et que
la loi de l'indemnité serait présentée nonobstant
le rejet de l'autre. Si elle n'a pas été présentée
dans la session de 1824, c'est que le temps a
manqué.

Voilà la manière dont on fait de l'opposition.
Je ne peux dissimuler qu'elle est aussi dangereuse pour le trône que pour les ministres; car,
en attaquant ceux-ci, on attaque toujours indirectement l'action du trône qui ordonne.

Pas une voix ne s'éleva dans la Chambre élective en faveur de la proposition de M. de La
Bourdonnaye. Elle en fit par-là une justice écla-

tante. Je trouve qu'il est peu adroit au noble pair qui écrit à son ami, d'avoir rappelé ce fait dans sa seconde lettre.

CHAPITRE III.

Du pervertissement de l'opinion publique par le rétablissement momentané de la censure.

J'arrive au troisième chef d'accusation, que je me suis proposé de discuter. Je commence par dire que je ne suis point partisan d'une censure momentanée : ou il la faut continuelle, ou il n'en faut pas. Telle est ma façon de penser sur cette mesure. Une loi a établi un ordre de choses contraire à mon opinion. Je vais m'attacher à prouver que si les ministres, ayant cette loi à leur disposition, n'avaient pas établi la censure, ils auraient été répréhensibles, vu la gravité des cas.

Je crois que la raison émise dans le considérant de l'ordonnance n'a pas été la seule qui ait engagé les ministres à conseiller cette mesure au monarque. Je ne dissimule point qu'elle y est entrée pour quelque chose ; mais je crois qu'en la proposant les ministres avaient une autre pensée, qu'ils ne pouvaient communiquer à l'auguste monarque que nous pleurons.

Il y a quarante ans qu'en France les dix-neuf vingtièmes de la population ne connaissaient pas

3

l'existence d'un journal ni d'une gazette; il n'en
est pas de même aujourd'hui, il y a peu de com-
munes dans le royaume qui n'aient leur journal,
et c'est l'arme la plus dangereuse qui existe,
puisque l'on peut médire et calomnier dans un
journal, comme on le veut, surtout contre le
gouvernement et ses agens. On va m'opposer que
la voie des tribunaux leur est ouverte comme
au simple particulier : je le sais; mais quel est le
ministre, le directeur-général ou le préfet, qui
voudrait employer ce moyen? Aussi ont-ils pris
le bon parti de répondre à l'arme de l'injure par
celle du mépris. Ils auraient dû toujours agir
ainsi, et s'en rapporter aux deux juges puissans
qu'ils ont, le monarque et leur conscience.

On a transformé les journaux en tribune publique où tous les fonctionnaires sont obligés de
comparaître pour rendre compte de leur conduite, et répondre aux accusations auxquelles ils
sont en butte. Il leur a donc fallu des défenseurs:
ce sont ces défenseurs que l'on a nommés journaux ministériels. Pour que la défense fût égale
à l'accusation, il faudrait que les juges fussent
les mêmes. Voilà ce qui n'existe pas, car la majeure partie de ceux qui lisent le *Constitution-
nel*, le *Courrier*, le *Journal des Débats*, et
autres, ne lisent pas les journaux ministériels.

Les journaux accusateurs ont plus de cliens que les journaux défenseurs; ainsi la partie n'est pas égale.

Il paraît qu'une société composée d'hommes puissans, a voulu remédier à ce mal, en achetant la propriété ou les actions de certains journaux; on l'a accusée de vouloir s'emparer de l'opinion publique pour la pervertir; on a crié au scandale; on a dit que le ministère était à la tête de cette société, et tout le poids de l'accusation a sur-le-champ tombé sur lui. Les journaux de l'opposition n'ont plus gardé de mesure; on y a lu des articles dignes, par leur virulence, des temps les plus malheureux de la révolution. Un procès a eu lieu au sujet d'une contestation élevée entre les actionnaires d'un journal, pour savoir qui en aurait la direction; les tribunaux ont prononcé contre ceux qui avaient, en apparence, acheté la majorité des actions de ce journal. Au milieu des révélations survenues dans ce procès, on a cité un prétendu propos qui aurait été confidentiellement tenu par un ministre, et cette supposition, dénuée de toute preuve, a été le sujet de nouvelles accusations plus indécentes les unes que les autres.

Le portefeuille ôté à M. de Chateaubriand avait donné occasion au procès dont je viens

de parler. Il avait été inséré dans le journal
la *Quotidienne* un article très-acerbe contre
M. de Villèle, au sujet de la conduite qu'il avait
tenue à l'égard de son ci-devant collègue. L'agent
responsable de la *Quotidienne* s'était opposé à
ce qu'une diatribe si virulente fût lancée dans le
public. Le créateur et ancien propriétaire de
cette feuille, qui avait encore dans ses mains une
partie des actions, était intervenu pour s'opposer aux prétentions de l'agent responsable, qui
semblait être soutenu par ceux qui avaient acheté
la majorité numérique des actions. De ce conflit,
il était survenu une scène que je n'entrepren-
drai pas de décrire, tant les détails ont été pé-
nibles pour un homme qui, comme moi, a la
plus grande vénération pour l'académicien qui
était intervenu dans cette affaire comme créateur
de ce journal. Je pensais en même temps que,
dans une association, de telle nature qu'elle soit,
la majorité des actionnaires devait faire loi; mais
je me trompais certainement, puisque les tribunaux ont jugé en sens inverse de mon opinion. Tout en respectant leur décision, je dirai
seulement que ce jugement n'a fait qu'accroître
le scandale qui existait; que les journaux de l'opposition, enhardis par lui, n'ont plus gardé de
mesure dans leurs diatribes journalières, et que

certains écrivains disaient hautement qu'avec la liberté de la presse ils renverseraient les autorités qui semblaient les mieux affermies.

Un journal qui, par son adulation pour M. de Villèle, avait été surnommé le journal du trésor, se jeta aussi dans les rangs de l'opposition à l'époque du renvoi de M. de Chateaubriand. On assura que les propriétaires du *Journal des Débats* agirent ainsi, non-seulement par les liens de l'amitié qui les attachait à l'ex-ministre, mais encore par l'esprit qui domine toutes ces spéculations, celui de l'intérêt de leur caisse. Il paraît que, de ce côté, les feuilles de l'opposition sont mieux traitées que celles qui soutiennent avec sagesse les principes conservateurs de la monarchie.

Ce fut à cet instant que se forma cette association monstrueuse qui, je le répète, fait dans ce moment et fera par la suite peu d'honneur aux soi-disant royalistes exclusifs, qui font cause commune avec ceux qu'ils ont montrés à l'Europe et à la France comme les ennemis de la stabilité des monarchies et du repos public. Ces feuilles, si bien caractérisées à d'autres époques par leurs nouveaux alliés, n'ont point changé de principes. Il faut dire, à la honte de ceux-ci, qu'ils ont plutôt pris une tendance vers le libé-

ralisme, que les feuilles libérales n'en ont pris
une vers le royalisme. La vérité me force d'ex-
cepter de cette accusation la *Quotidienne*, qui
s'est respectée assez pour ne pas varier dans ses
maximes, et qui est moins virulente dans ses at-
taques contre le pouvoir.

Le *Journal des Débats* et la *Quotidienne*
étaient encore dans les rangs ministériels, lorsque l'opposition royaliste pensa à avoir une
feuille à sa dévotion : il se forma à ce sujet une
association entre trois députés, bien recommandables par leur amour pour la dynastie régnante
et par l'existence politique qu'ils ont dans le
monde. Deux membres de cette société sont
banquiers et négocians. N'ont-ils agi ainsi que
par spéculation ? c'est ce qui paraissait présumable, car ils venaient d'entrer à la Chambre élective, appuyés de l'influence ministérielle, et rien,
jusqu'à ce moment, ne pouvait faire prévoir
qu'ils fussent en opposition avec le gouvernement. Le troisième , M. de La Bourdonnaye;
était connu comme chef de l'opposition royaliste et comme peu ami des ministres, surtout
de M. le président du conseil. Aussi M. de La
Bourdonnaye fut-il considéré comme l'âme de
cette entreprise. Le nom seul de l'âme devait
faire accourir à lui une foule de collaborateurs

qui n'avaient cessé de harceler le ministère, presque depuis son installation, par des ouvrages dans lesquels le fiel le plus amer avait été distillé pour ternir des réputations que, peu de temps avant, on avait encensées.

On se doutait bien que le ministère n'autoriserait pas la publication d'une semblable feuille qui s'annonçait comme devant lui faire une guerre à toute outrance : aussi imagina-t-on de faire revivre un ancien journal, connu par des principes tout opposés à ceux que professaient les personnes qui voulaient le tirer du néant; à peine se rappelait-on que l'*Aristarque* avait existé, lorsqu'un prospectus répandu avec profusion annonça qu'il allait reparaître. On pouvait comparer ce prospectus à une sorte de manifeste dans lequel on promettait que l'*Aristarque* serait une tribune ouverte où chaque ennemi du ministère pourrait venir déposer ses doléances ; c'est-à-dire, jusqu'au moment où le propriétaire du susdit journal et ses amis auraient eux-mêmes des portefeuilles ; car voilà la boussole qui dirige la conduite des rédacteurs en chef de ces prétendus arbitres de la renommée; ce qui est arrivé au moment où M. de Chateaubriand a quitté le timon des affaires, en a été la preuve.

L'autorité crut voir dans la renaissance de

cette feuille une infraction à la loi qui régit la
liberté de la presse ; elle refusa de recevoir le
cautionnement, et fit saisir un numéro que l'on
avait fait paraître. La cour royale, et même la
cour suprême ont prononcé en faveur des propriétaires de l'*Aristarque*. Je respecte la chose
jugée ; mais je ne peux m'empêcher de dire que
par elle, l'article de la loi qui semble vouloir
qu'aucun journal ni ouvrage périodique ne
puisse paraître sans l'autorisation du Roi, devient
pour ainsi dire de nul effet par la facilité que l'on
peut avoir de faire renaître un ancien journal. (1)

Ces jugemens furent un triomphe pour les
ennemis de l'autorité. Les feuilles libérales, qui
avaient fait pendant la guerre d'Espagne un usage
si dangereux de la liberté de la presse, ne re-
doutèrent plus d'être atteintes par la voie de la
justice ; puisqu'en cas qu'elles fussent suppri-
mées, elles auraient des moyens de reparaître
avec une espèce d'impunité.

A la même époque, la santé du feu roi don-

---

(1) Peu de jours avant ce jugement, la Cour royale
avait donné gain de cause au *Courrier*, amené devant
elle pour tendance au renversement de nos institutions.
Il y avait eu partage de voix.

nait les inquiétudes les plus vives ; on parlait déjà de l'instant où la France aurait le malheur de le perdre, comme étant très-prochain. Le Gouvernement devait se mettre en garde contre les suggestions perfides que l'on pourrait faire naître dans l'opinion publique, si le malheur que l'on redoutait avait lieu ; et il devait s'emparer de la direction de cette opinion. Le seul moyen qu'il en avait était l'établissement de la censure momentanée ; s'il n'en eût pas fait usage et que la malveillance fût parvenue à exciter seulement quelque rumeur, les Chambres auraient eu le droit de lui dire : Nous avions mis à votre disposition une arme dont vous pouviez vous servir pour paralyser les efforts des ennemis de la légitimité ; jamais cas plus opportun ne s'était offert pour vous en servir, pourquoi n'en avez-vous pas fait usage ?

M. de La Bourdonnaye, s'il y eût eu le moindre trouble en France, serait, à juste raison, monté à la tribune, et sa mâle éloquence eût lancé les foudres de l'accusation contre le ministère, qui n'aurait eu rien à répondre.

N'ayant aucun rapport avec les ministres, je ne peux dire exactement qu'elle a été la véritable raison qui a fait établir la censure. Je crois que je viens de préciser la seule supposable. On a dit que la censure n'avait été rétablie que pour la conservation des ministres, et qu'ils avaient agi, non dans l'intérêt du trône, mais dans leur intérêt particulier. Une semblable idée est trop méprisable pour être entrée dans mon âme, et je dirai que beaucoup de royalistes, non dominés par l'esprit de passion, ont partagé l'opinion que je viens d'émettre. Mais, dit-on, le considérant de l'ordonnance est une réponse péremptoire à votre opinion.

J'avoue qu'au premier aperçu, j'avais pensé comme mes contradicteurs : en y réfléchissant, on voit que ce considérant n'a été employé que pour dissimuler au monarque les inquiétudes que causait sa position, et lui cacher le véritable sujet qui faisait que les ministres sollicitaient cette mesure.

Le malheur qui a plongé la France dans le deuil, l'accueil qu'elle a fait à Charles X, ayant fait cesser la cause de l'établissement de la censure, les ministres ont proposé au Roi de remettre les choses dans leur état naturel. On ne veut point que cette proposition soit venue d'eux. Je la donne avec plaisir au cœur paternel du monarque, ou à celui de son auguste fils; mais l'on m'accordera au moins de reconnaître que les ministres ont été loin de s'y opposer.

J'ai dit, en commençant ce chapitre, que je n'étais point partisan d'une censure momentanée. J'ajouterai ici que je suis bien éloigné de penser qu'elle soit dans l'intérêt particulier des ministres ; au moment où cette mesure cesse d'avoir son effet, elle devient contre eux une arme redoutable ; on prend les articles retranchés, on les livre à la censure publique, et le danger devient, pour eux en particulier, plus grand qu'il n'était avant qu'ils n'en eussent fait usage. N'est-ce pas ce qui a eu lieu depuis qu'elle n'existe plus ? Un écrivain célèbre ne s'en est-il pas emparé pour les livrer au ridicule, et pour faire en quelque sorte de cette mesure un sujet d'accusation contre eux ? Mais, enfin, les ministres avaient cette arme à leur disposition, et le seul intérêt du trône leur en a fait faire usage. S'ils ne l'avaient pas eue, ils auraient peut-être été obligés d'avoir recours à des moyens plus coërcitifs.

Le Roi, juge suprême de la conduite des ministres, a connu les véritables raisons qui ont été la cause du rétablissement de la censure. Il leur a conservé sa confiance. Cela seul aurait dû faire tomber la plume d'une main royaliste, lorsqu'il a attaqué cette mesure ; et cependant nous avons lu l'écrit que je viens de citer : de quelles réflexions ne pourrait-il pas être la source ?.. Mais

ma plume s'arrête en pensant à d'autres époques
où l'homme célèbre auquel je pourrais les adres-
ser a rendu de si éminens services à la cause du
trône.

CHAPITRE IV.

Emploi d'actes arbitraires tendant à asservir
les libertés publiques.

C'est sous le règne du roi législateur auquel la
France doit la Charte, c'est sous celui de Charles-
le-Bien-Aimé, que l'on ose dire que les ministres
ont voulu, et veulent par des actes arbitraires,
asservir les libertés publiques! N'est-ce pas
commettre un acte de déraison que d'avancer
une semblable calomnie. Quoi! c'est sous le règne de celui qui a presque renoncé au régime
des ordonnances pour n'adopter que celui des
lois discutées dans les Chambres, sous le règne
de ce prince immortel, que l'on voudrait supposer que des ministres aient voulu mettre l'arbitraire à la place de la loi! Des ministres qui auraient agi ainsi, n'auraient point conservé la
confiance du feu roi jusqu'à sa mort, et n'auraient pas aujourd'hui celle de son successeur.
Nous ne sommes plus à ces temps où l'on disait : si le Roi savait ! Aujourd'hui les journaux

parlent, ils dénigrent à volonté. La tribune n'est-elle pas l'écho des doléances du peuple? Les pétitions y ont accès, ainsi qu'au pied du trône. Toutes les voies de la publicité sont ouvertes. On me dira : ils ont voulu écarter cette publicité par la censure. En faisant usage de cette mesure, ils n'ont point commis un acte arbitraire, puisqu'ils n'ont agi qu'en vertu d'une loi. Ainsi, voyons de quelle nature ont été les autres actes arbitraires, tant reprochés au gouvernement et à ses agens.

On a considéré les circulaires des ministres, à l'époque des élections, comme un acte arbitraire tendant à forcer l'opinion des électeurs salariés, puisqu'on établissait qu'ils n'avaient qu'à choisir entre la misère et leur conscience. Je me suis déjà expliqué sur ces circulaires ; j'ajouterai qu'un électeur est loin d'être réduit à l'état de misère, parce qu'il perd un emploi. Mais, dit-on, les ministres ont voulu, par ces circulaires et les autres prétendues manœuvres qu'ils ont mises en usage, avoir une Chambre *à leur dévotion*. Ici, ce n'est pas le ministère seulement qu'on attaque, ce sont encore les membres élus par les colléges électoraux. Ce sont des hommes environnés dans leur département de la considération publique, que l'on transforme ainsi en des hommes vils,

capables de vendre leur conscience , de transiger
avec leur honneur! c'est la Chambre de 1824,
qui á montré des opinions si indépendantes ,
qu'on ose appeler une Chambre à la dévotion
du ministère ! c'est cette chambre si religieuse,
si monarchique , que l'on transforme sur-le-
champ en une assemblée parjure au serment
que chaque député prête en y entrant.

Je sais que le ministère a trouvé dans cette
Chambre une majorité qui lui a prêté son appui,
et c'est un crime impardonnable aux yeux de
ceux qui veulent forcer l'action du trône, en lui
disant chaque jour : Renvoyez vos ministres, et
mettez-nous, ou ceux que nous vous désignerons,
à leur place; mais pour maintenir ce nouveau
ministère il faut dissoudre la Chambre élective,
nous l'avons promis à nos nouveaux alliés. Ils de-
mandent même que l'on change la loi des élections, et surtout de la septennalité. Nous ne nous
sommes point engagés à cet égard; nous verrons
quand nous y serons ce qu'il faudra faire. Nous
pourrons peut-être réduire la durée du parle-
ment à cinq ans au lieu de sept: c'était notre
opinion au moment de la discussion de la loi.
Ainsi, en faisant cette légère concession à nos
auxiliaires, nous ne paraîtrons pas changer de
principes.

On propose tranquillement au trône et à l'opinion royaliste la dissolution de la Chambre actuelle; de cette Chambre que l'on a appelée, à juste titre, la Chambre de 1815 retrouvée; tel sera le premier acte d'un nouveau ministère. On semble dire à Charles-le-Bien-Aimé : Il n'y a plus que des royalistes en France. On ne doit pas craindre de nouvelles élections quelles qu'elles soient, d'après la situation présente de l'opinion; elles ne peuvent être que bonnes. Il est vrai que la Chambre de 1824 est composée en partie d'hommes qui ont suivi Votre Majesté dans l'exil, d'hommes dont le cri a toujours été *Vivent les Bourbons !*..... La seule chance que l'on ait à courir par la dissolution de la Chambre, est celle de les voir remplacer par ces hommes qui, il y a deux ans, étaient les apologistes de la révolte; mais ils crient depuis deux mois *Vive le Roi !* et on doit avoir toute confiance en eux.

Je crois que la force des choses, et surtout le résultat des élections de 1824, ont fait faire des réflexions sérieuses aux amis de la révolution, qui, jusqu'à ce jour, avaient émis des principes contraires à ceux de la légitimité. Ils ont vu leur cause perdue, et ont profité avec empressement de l'avènement de Charles X au trône pour paraître se réunir aux vrais Français. Tout en ap-

plaudissant de cœur et d'âme, à leur conversion,
tout en la supposant sincère, je suis loin de la
croire assez affermie pour leur confier encore le
soin de concourir à former une nouvelle Chambre élective. Ce serait une faute grave que de
mettre au hasard la formation d'une autre Chambre, lorsqu'on en a une composée presqu'entièrement de vétérans des amis de la monarchie.

Toutes vos accusations contre le ministère
sont à peu près comme celles que je viens d'examiner, futiles et oiseuses. Je passe à celle
d'avoir cherché par des actes arbitraires à avoir
une influence directe sur la magistrature, et
d'avoir établi entre elle et le gouvernement
une dissidence qui pourrait un jour rejaillir sur
l'autorité administrative.

Avoir donné l'indépendance à la magistrature
en conférant aux juges l'inamovibilité, sera pour
l'illustre fondateur de la constitution qui régit
la France, un titre de gloire aux yeux de la postérité. Cet acte a établi la base de la vraie liberté
du peuple français, puisque le gouvernement n'a
d'autre action directe sur les magistrats qui ren-
dent la justice, que celle du choix. Une fois ce
choix fait, le juge est hors de toute atteinte de
la part de l'autorité; il ne doit plus avoir pour
guide que sa conscience.

Il y a dans les cours et tribunaux des agens
de l'autorité ; ce sont eux qui poursuivent en
son nom les crimes, les délits et les infractions
aux lois. Cette espèce de seconde magistrature
était nommée, avant la révolution, *gens du Roi*,
pendant la révolution, *agens publics*. Tous leurs
actes se faisant aujourd'hui au nom du Roi : ils
doivent avoir repris leur premier nom. Ces magistrats sont dans la dépendance directe du gouvernement du Roi : ils sont amovibles, et sont
censés recevoir leur impulsion du ministre auquel le monarque a confié les sceaux et le portefeuille de la justice ; le Roi les révoque à volonté ;
il ne doit aucun compte à qui que ce soit des
raisons qui l'on fait agir ; sa volonté est suprême.
En donnant la Charte, et en conférant aux juges l'inamovibilité , il s'est réservé le droit de
révoquer *les gens du Roi*, selon son bon
plaisir.

Ces révocations se font ordinairement sur la
proposition du ministre ; celui-ci n'a de compte
à rendre qu'à son maître seul des raisons qui
l'on fait agir : une fois ces raisons approuvées par
le Roi, sa conscience peut seule lui faire des reproches d'avoir agi par un sentiment quelconque
soit de haine, soit de vengeance. Si elle lui dit ,
en le faisant tu as agi dans l'intérêt du Roi, et

4

de l'Etat, personne n'a aucun compte à lui demander à ce sujet.

Un procureur-général d'une Cour royale, et un avocat-général de la Cour de cassation ont été révoqués et remplacés; vous avez sur-le-champ crié à l'arbitraire, à l'abus de pouvoir. Il y a peu, vous prn iz peu d'intérêt au sort de ces deux magistrats; mais aussitôt que leur révocation a été connue, vous avez demandé au ministre raison des griefs sur lesquels il avait basé la proposition de leur renvoi. Non content d'avoir fait cette demande, vous avez supposé les raisons qui avaient fait agir le ministre; celles que vous avez mises en avant ont été captieuses et adroites; par l'une, vous avez voulu intéresser la Chambre élective en faveur d'un de vos cliens, en supposant que c'était pour les discours qu'il avait prononcés à la tribune; par l'autre, vous avez voulu animer le corps de la magistrature contre le même ministre, en supposant que c'était pour le réquisitoire que l'avocat-général de la Cour de cassation avait prononcé dans l'affaire de l'*Aristarque.*

— Puisque vous avez mis en avant des suppositions, il me sera permis d'en faire à mon tour; mais avant tout, je dirai que c'est le tendre intérèt qne vous avez pris à ces deux magistrats, qui me fait supposer (1).

Je suppose donc que deux magistrats, gens du Roi, soient entrés dans une coalition tendante à rendre odieux aux yeux de la nation le ministère qui a la confiance du monarque, et que ces deux magistrats aient agi par des menées ténébreuses pour parvenir à ce but et à celui de renverser ou le ministère ou le ministre qui est leur chef direct; que ce ministre en ayant la certitude en ait rendu compte au Roi, et proposé leur révocation ; croyez-vous qu'il n'ait pas fait ce qu'il devait faire, et à sa place n'auriez-vous pas agi comme lui?

Je répète que, dans un cas semblable à celui qui a amené vos suppositions et les miennes , ce sont les deux magistrats révocables et le ministre qui doivent, chacun de leur côté, interroger leur conscience.

Vous avez aussi clabaudé, au sujet de la révocation d'un conseiller d'état ; ne pourrais-je pas dire à celui-ci : vous étiez conseiller d'état

---

(1) Je déclare ici que je ne fais que supposer un cas possible , sans l'appliquer précisément aux deux magistrats dont il est question.

attaché à la section des finances; pouviez-vous décemment vous présenter devant celui que votre journal livrait tous les jours à la haine du public? Ne deviez-vous pas de vous-même vous retirer? Pourquoi avez-vous attendu que l'on vous ordonnât de cesser vos fonctions?

Vos feuilles ont considéré comme un acte arbitraire le retrait d'un secours accordé à un savant qui touche d'autres traitemens du gouvernement. Pour rendre votre accusation mieux fondée, vous avez transformé bien gratuitement ce secours en une pension, parce que celui qui reçoit un secours est censé en avoir besoin pour son nécessaire; et, si vous aviez consulté la position de celui auquel vous avez pris un si tendre intérêt, vous auriez jugé que ce secours était du superflu.

Je ne vous suivrai point dans vos autres accusations; je pourrais, en le faisant, vous confondre aussi facilement que je l'ai fait dans ce narré succinct. Il m'a été dicté par l'amour de la pure vérité. Je ne peux pourtant m'empêcher de parler d'une autre accusation toute récente.

Au moment où les premières feuilles de cet opuscule étaient sous presse, il a paru dans l'*Aristarque* un article promptement recopié par le *Journal des Débats*, ce qui a donné une

publicité plus grande à cet article, dans lequel
on accuse indirectement un ministre que l'on
ne nomme pas, mais que l'on désigne si bien,
qu'il est impossible de le méconnaître ; on l'accuse, dis-je, d'abuser de la facilité donnée au
commerce d'envoyer ses paquets par les estafet-
tes du gouvernement, pour faire indirectement
des gains énormes par le jeu sur les fonds publics, soit en France, soit chez l'étranger. C'est
ainsi que le ministère français est insidieuse-
ment calomnié non-seulement en France, mais
encore aux yeux de l'Europe entière. Le ministre inculpé a eu le bon esprit de mépriser
une semblable accusation ; il n'y a pas répondu ;
au moins, je n'ai pas vu de réponse dans les
journaux. Si ce fait n'est pas une pure calomnie,
certains banquiers siégeant à la Chambre des députés la reproduiront, et c'est certainement le
moment que le ministre a choisi pour confondre ses calomniateurs. Les ministres devraient
agir toujours ainsi ; car c'est au Roi et aux
membres des deux Chambres qu'ils doivent
compte de leur conduite : en parlant aux Chambres, ils parlent à la France et à l'Europe entière ; au lieu qu'en répondant par les journaux
supposés à leur dévotion, ils ne parlent véritablement qu'à ceux qui, en majeure partie,

n'ont pas lu les accusations portées contre eux,
et non à ceux qui les ont lues. Je répète cette
assertion, car on ne peut trop dire ce qui est
vrai.

Je désire que l'accusation dont je viens de parler soit reconnue fausse, comme je suis certain
qu'elle le sera; sans quoi le ministre qui aurait
abusé à ce point de la position où il se trouve,
ne serait pas digne de la confiance de notre auguste monarque. Si je parais soutenir le ministère, c'est qu'après de mûres réflexions je me
suis convaincu que toutes les accusations que je
viens de réfuter étaient fausses et calomnieu-
ses, ou interprétées méchamment par l'esprit
de passion qui les a dictées.

Les ministres ont une caution de leurs principes que leurs ennemis les plus acharnés à
leur perte ne récuseront pas dans ce moment-
ci : c'est celle de M. le vicomte de Châteaubriand
parlant à la Chambre des pairs, dans la séance
du 15 mars 1823. Il répondait à M. le baron de
Barante, qui avait semblé présager que la suite
de la guerre d'Espagne serait la perte des libertés publiques pour la France. Le noble vicomte
disait : « Quant à la perte des libertés publi-
» ques, une chose servira du moins à me con-
» soler, c'est qu'elle n'aura jamais lieu tant que

» moi et *mes collègues* seront ministres. Le no-
» ble baron qui professe avec talent des senti-
« mens généreux, me pardonnera cette assertion ;
« elle sort d'une conscience française. »

C'était une conscience française qui pronon-
çait cette assertion avec l'accent de la plus pure
conviction. Cette conscience connaissait celle
de ses collègues. Le noble vicomte avait lu dans
leur âme, et savait que loin de vouloir asservir
les libertés publiques, ils ne prétendaient qu'à
leur donner le plus d'essor possible, et qu'à ne
les soumettre qu'au seul joug des lois , joug in-
dispensable à toute société bien organisée.
Les sentimens que professaient les ministres à
l'époque où M. de Châteaubriand parlait, ils
les professent encore aujourd'hui , et les met-
tent même plus en harmonie avec les actes
de leur administration , parcequ'ils n'ont plus
à combattre la révolte ; mais ils doivent toujours être dans une juste défiance envers les nouveaux convertis. Nous les voyons bien exigeans,
et, pour prix de leur conversion , demander des
changemens jusque dans les lois , qui, si on
avait la faiblesse de les leur accorder , les ren-
draient bientôt audacieux. Conseillers du trône,
persistez dans cette défiance, qui est la mère de
toute sûreté.

RÉSUMÉ.

C'est en se reportant à ce qu'était la France à à l'époque où les ministres ont pris le timon des affaires, que l'on jugera s'ils méritent les accusations auxquelles ils sont en butte.

Puisqu'il existe aujourd'hui un ministère des affaires ecclésiastiques, je commencerai par examiner si cette partie si intéressante de l'administration a été négligée par le ministère actuel. Il faut dire avec vérité que, depuis la restauration, tous les conseillers du trône auxquels cette partie de l'administration a été confiée, ont toujours cherché à donner à la religion l'éclat et la splendeur qu'elle mérite d'avoir. Un des grands reproches qui leur a été fait est le trop faible traitement des curés, des desservans et des vicaires. Il y a plus de quarante mille cures en France, et l'on doit calculer qu'il y a environ soixante mille prêtres qui sont curés, desservans ou vicaires; il en coûterait à peu près trente millions paran de plus à l'Etat pour leur donner l'existence qu'on réclame pour eux. La position des finances n'a pas permis cet accroissement de dépense : il en a certainement coûté au cœur du feu roi et à celui de ses ministres, de n'avoir pas pu la proposer.

C'est une grande question à traiter, que celle de
savoir si les ministres de la religion ne devraient
pas être rétribués en partie par leurs ouailles,
sans pourtant rétablir la dîme qui est abolie pour
toujours. Je ne la traiterai pas pour le moment;
j'y reviendrai dans un autre ouvrage.

Le ministre de l'intérieur actuel avant d'abandonner cette partie de son administration a trouvé le moyen de venir au secours des ministres de
la religion qui ne pouvaient plus exercer leur
saint ministère. Ce n'est pas un des moindres
bienfaits de son administration; en cela il a secondé les vues bienfaisantes de ce roi dont les derniers
momens ont été un exemple si édifiant pour toutes
les âmes religieuses. On peut dire avec vérité qu'il
a appris à ses sujets la manière de bien quitter la vie.

Depuis long-temps l'opinion religieuse et royaliste demandait que l'administration de la religion
et celle de l'instruction publique fussent réunies,
et séparées de l'administration des affaires tem-
porelles du royaume. Cette mesure s'est exécu-
tée sous le ministère actuel. L'opinion royaliste
ne devrait pas l'oublier, elle devrait en savoir gré
aux conseillers du trône, qui en ont fait la proposition au monarque; mais l'opposition extraordinaire qui s'est formée dans son sein semble n'y
plus penser. Serait-ce pour ne pas trop contra-

rier ses nouveaux et monstrueux alliés ? Car ceux-
ci ont jeté les hauts cris en voyant cette réunion,
et ce nouveau ministère confié à un digne prélat.
Ont-ils oublié que les premiers principes de l'é-
ducation sont les sentimens religieux ? et qui peut
mieux les faire inculquer dans l'âme de la jeunesse
qu'un prélat vénérable qui les a si bien enseignés
dans ces conférences qui ne seront jamais ou-
bliées par ceux qui dans un Etat comptent la religion pour quelque chose ; par ceux même qui
n'ont pas reconnu franchement la sagesse de l'ordonnance qui a séparé l'administration des cultes
non catholiques de celle de la religion de l'Etat ?
Mais un des griefs si souvent remis en question
par l'opinion libérale, est que l'on a confié l'instruction publique aux Jésuites. Je crois qu'il
peut y avoir dans les corps enseignans quelques
hommes attachés à l'ancienne Société de Jésus.
Ont-ils conservé les doctrines de la compagnie ?
élèvent-ils la jeunesse dans une croyance, dans
des principes différens de ceux professés dans les
autres maisons d'éducation ? Voilà ce qui n'est
pas prouvé.

C'est sous le ministère actuel que la France a
repris son rang prépondérant parmi les grandes
nations de l'Europe. Les engagemens pris avec
cette Sainte-Alliance, l'effroi des amis de la révo-

lution , y sont maintenus. Nos ambassadeurs re-
présentent dignement le Roi et la nation auprès
des souverains alliés de la France ; nos consuls
protègent le commerce français. Que ferait de
plus un autre ministère (1) ?

Malgré tout ce qui a été avancé par les ennemis du Garde-des-Sceaux , la justice n'a point
perdu de son indépendance. Les jugemens qu'elle a rendus en sont la preuve. On doit au chef
de la magistrature d'avoir pensé aux moyens
de soulager les vieux magistrats , en proposant,
au nom du Roi , une loi tendante à établir pour
eux un fonds de retraite. C'est une obligation
que la magistrature a à M. le Garde-des-Sceaux,
et l'opinion royaliste surtout ne devrait pas la méconnaître , puisqu'elle mettra ce ministre dans
la position de continuer à régénérer les tribunaux , en y plaçant des magistrats amis du trô-
- ne, de la légitimité , et ennemis de la révolution.
Je crois qu'on ne niera pas que tous les hommes qu'il a mis en place et ceux qu'il a avancés

_____

(1) Je reconnaitrai avec plaisir que MM. de Montmorency et de Châteaubriand ont coopéré à cette situation
de nos rapports diplomatiques avec les puissances étrangères.

ne fussent dignes de cette faveur par leur mérite
personnel et leur dévouement aux Bourbons.
En cela, sa Grandeur n'a pas plus contenté les
amis de la révolution, qu'elle ne l'a fait en pour-
suivant la révolte dans tous les lieux où elle s'est
montrée. Honneur aux magistrats et aux gens
du Roi qui l'ont si bien secondé!...... Je ne parlerai
point des actes de clémence, ils appartiennent
entièrement à la volonté royale.

Le ministre qui a été le plus en butte à l'a-
nimadversion des deux oppositions, est, après le
ministre des finances, celui de l'intérieur. J'ai
répondu aux accusations principales. Je vais voir
maintenant si les différentes parties de son administration n'ont pas fructifié au lieu d'avoir
été négligées.

Le maintien de la centralisation des affaires au
sein de la capitale a été un des grands reproches
fait au ministre de l'intérieur. Les diverses ordonnances rendues par Sa Majesté, ont déjà
bien changé cet état de choses ; ainsi, il y a dans
cette partie beaucoup d'améliorations. Serait-il
possible de la détruire dans un seul moment,
sans porter un préjudice réel à l'administration
générale du royaume ? Beaucoup de bons
esprits ont pensé que cette grande mesure ne
pouvait s'effectuer qu'insensiblement.

On accuse ce ministre de n'avoir pas accordé une protection spéciale aux arts et aux belles-lettres. De grands monumens, et des ouvrages qui passeront à la postérité, étaient commencés depuis long-temps. Le ministre a dû s'occuper d'abord de les faire terminer ; ainsi l'a été le chef-d'œuvre de M. Gros (la coupole de Ste Geneviève) ; ainsi se poursuivent avec activité les constructions de la Madeleine, de la Bourse, etc. Les travaux de l'arc de triomphe sont repris. C'est une belle idée que celle de rappeler aux générations futures les actions glorieuses ! Le ministère s'est empressé de proposer au Roi de consacrer ce monument à la gloire de notre armée d'Espagne. M. Freycinet, capitaine de vaisseau, vient de faire, par les ordres du Roi, un voyage lointain et périlleux, dans lequel il était accompagné de savans distingués, pour recueillir les nouvelles découvertes que ce studieux et intrépide marin pourrait faire. Un ouvrage a été entrepris par les ordres et sous la protection du ministre de l'intérieur, afin que cette expédition fût transmise à la postérité. Est-ce négliger les sciences et les beaux-arts ? Ceux qui ont vu la dernière exposition des produits de nos travaux manufacturiers, et qui jugeront avec impartialité, n'accuseront pas le ministre de l'intérieur de n'avoir pas donné tous les encouragemens possibles aux manufactures et à l'industrie.

La grande idée de la construction des canaux qui doivent joindre la mer du nord avec la Méditerranée, reçoit son exécution avec activité. Les branches de ces mêmes canaux qui doivent réunir les grands fleuves du royaume, se construisent avec la même célérité. N'est-ce pas donner à notre navigation intérieure tout le développement desirable ? Que pourrait faire de mieux un autre ministre pour la gloire de la France et pour les intérêts du commerce?

L'armée régénérée et la glorieuse expédition d'Espagne répondraient à elles seules à toutes les accusations que l'on a pu porter contre le ministère actuel; il pourrait dire, la France n'avait pas d'armée, la France en a une. M. de Latour-Maubourg avait commencé ce grand œuvre, M. de Bellune y a mis le complément. Le ministre qui l'a remplacé et celui qui a aujourd'hui le portefeuille de la guerre, n'ont eu et n'auront qu'à maintenir le bon esprit qui existe dans l'armée, cette discipline et cette subordination qui ont fait donner tant d'éloges au soldat français dans la campagne dont je viens de parler. Je ne ferai point l'éloge de la bravoure et de l'intrépidité des militaires français; ces qualités sont in-

nées en eux, et il est presque impossible de trouver un Français qui ne les ait pas.

L'opinion libérale crie contre une ordonnance qui vient d'être rendue, et qui fait admettre
à la retraite beaucoup d'officiers généraux. Il
était reconnu que l'armée française avait presque le double d'officiers généraux que sa force
ne le comportait ; il fallait remédier à cet état
de choses ; le ministre l'a fait, et par cette opé-
ration, il a économisé environ un million à la
France, sans nuire au bien du service. Mais il a,
dit-on, réduit des hommes couverts d'honora-
bles cicatrices à la moitié de leur traitement
d'activité. On demande des économies ; le ministère en fait, et sur-le-champ on jette les haut-
cris contre lui. Quel est le moyen de faire des
économies autrement que par des suppressions
ou diminutions de traitemens? Portent-elles sur
des fonctionnaires qui en ont de faibles ; on
s'écrie qu'on les réduit à la misère ! Les fait-on
porter sur de forts traitemens ; on rappelle les
anciens services, même ceux rendus à la révolution. Je demande à l'homme impartial de dire
ce qu'il faut faire.

Le ministre qui a aujourd'hui le portefeuille
de la guerre, avait eu celui de la marine jusqu'aux derniers changemens survenus dans le

ministère. Son administration dans celui de la marine a été marquée par une époque qui datera dans les fastes de la marine française, celle de la guerre d'Espagne, dans laquelle nos escadres ont rendu de si éminens services ; déjà nos croisières s'étaient signalées dans le Levant par des actes d'humanité qui ne seront pas oubliés dans ces parages; notre commerce est protégé tant dans la Méditerranée que sur le vaste Océan. Enfin, notre marine qui, au moment de la restauration, était presque dans un état de nullité, commence à reprendre cette prépondérance qu'elle avait avant 1789.

Cette situation prospère de la marine est due en partie aux soins de M. Portal, et surtout à ceux de M. de Clermont-Tonnerre, qui a bien su diriger l'emploi de nos forces navales pendant la dernière guerre.

J'arrive aux finances. C'est contre celui des ministres à qui cette partie délicate de l'administration est confiée, que la calomnie a émoussé de la manière la plus révoltante ses traits empoisonnés. J'ai déjà répondu à la majeure partie des accusations lancées contre ce ministre ; je vais voir en général qu'elle est notre position financière. La discussion sur le remboursement des rentes a prouvé que nos finances étaient, malgré la guerre d'Espagne, dans l'état le plus prospère. Je crois que cette situation avantageuse n'a pas dégénéré. Le taux de la rente est au-dessus du pair : ainsi, il répond à lui seul à tout ce que l'on pourrait dire sur ce sujet.

M. le ministre des finances s'est fait des ennemis particuliers, en voulant faire le bien général de l'État. Il a fait des suppressions de places, des diminutions de traitement. Il a voulu établir un contrôle sur toutes les caisses de sa vaste administration ; enfin, il a attaqué les intérêts particuliers en proposant la loi sur les rentes. Il a agi impolitiquement pour lui, puisqu'il a fait des mécontens et s'est attiré de nombreux ennemis. Ses plans sont vastes, ils montrent l'homme de génie ; mais ils lui font des envieux qui se sont réunis contre lui d'une manière effrayante. La suite prouvera si j'ai eu tort d'embrasser sa défense et celle de ses collègues. J'ai parlé d'après ma conviction intime. Si ma conscience avait quelque chose à me reprocher, j'aurais été rassuré par un organe de l'opinion libérale, qui disait que pour elle, il ne pouvait pas y avoir pire que le ministère actuel. Je dis donc avec confiance que pour le trône, et l'opinion royaliste, il ne peut y avoir un ministère meil-

5

leur que celui existant, parce que ce qui est mauvais pour les amis de la révolution est bon pour les amis du trône.

Le Roi lui a continué la confiance que son auguste frère lui avait accordée. Espérons que dans l'intérêt de la France, les Chambres ne jugeront pas autrement que ce monarque bien-aimé.

FIN.

IMPRIMERIE DE CARPENTIER-MÉRICOURT,
Rue de Grenelle-St-Honoré, n. 59.

www.ingramcontent.com/pod-product-compliance
Lightning Source LLC
LaVergne TN
LVHW022027080426
835513LV00009B/901